시는 멜로디를 타고

시는 멜로디를 타고

김 경 희 시집

세종출판사

| 저자의 말 |

제임스 브라운의 늠름한 모습 닮은 극락조가 참 멋스럽다. 사랑할 때의 무기인 흰 깃털을 머리에 이고, 암컷에다 절실히 구애를 하는 모습. 그런 멋있는 모습으로 세상에 나서고 싶었다.

여고시절 진해 군항제 백일장에 학교 대표로 나가 수상을 한 딸이 대견해서 그날, 어머니는 찰 팥밥을 한 솥 하시고, 소고기 넣은 미역국을 한 냄비 끓여 온 동네잔치를 벌이셨다. 그렇듯 좋아하시던 그 모습을 잊을 수가 없는데 어머니는 속절없이 가시고 세월은 이만큼 와 버렸다.

도와주신, 이제는 내편인 남편과 사랑하는 삼남매에게 이 축하를 보내고 싶다. 표지, 삽시 수채화를 예쁘게 그려 준 정유진 화가에게 고마움 마음 전하면서, 어느 날 모란이 활짝 피는 초여름 저녁나절 갓 볶은 햇차랑 애창곡 동백아가씨 함께 어머니를 초대해서 잔치해드려야겠다. 그때 내게 해주신 것처럼.

오늘 이 시집을 사랑하는 김금돈 아버지, 어머니 최이엽 여사에게 바치렵니다. 감사합니다.

김경희 시집 『시는 멜로디를 타고』 발간을 축하하며

정 영 자
(문학평론가, 사단법인 부산여성문학인협회 이사장)

가을이 익어 가면 시집을 가까이 하는 사람들이 많아진다. 시의 길은 시를 사는 일상의 패턴이요 시의 시작이나 끝은 보이지 않는 가운데 항상 우리 심장에서 나온 시의 설레임은 있어 왔다. 어쩌면 희로애락의 틈 마다 꽃다발처럼 시는 묶음으로 줄줄이 사연 따라 나온다.

지금은 겨울 문턱이다. 나목이 아무런 구속 없이 훨훨 단풍든 잎들을 다 떠나보냈다. 버려서 가득한 나무의 에너지를 다시 볼 수 있어서 좋다.

김경희 시인이 첫 시집 『시는 멜로디를 타고』를 상재한다. 김경희 시인은 노래, 특히 합창을 즐기면서 합창하는 사람들을 지원하고 독려하는 합창단 단장(부산일보사 여성합창단, 미리내합창단)을 30여년이나 맡아 봉사하는 음악에 대한 열정이 마침내 성악가로서의 입지를 굳힌 열정적인 예술가이다. 일찍이 꽃예술에 입문하여 이미 그 경력

이 40여년에 이르는 예술적인 미감의 일상을 생활 속에서 이루어 왔다. 예술가로서는 드물게 골프를 치면서 꽃과 노래의 길을 함께 걸어온 30년은 긴 세월이었다. 필자는 몇 번 그가 단장으로 있던 합창단의 노래를 들을 기회가 있었다. 아마추어들의 노래이긴 하였지만 시민의식의 문화생활을 이끈 선구적인 일을 하고 있음을 목격하였다.

한 동안 그를 만나지 못하였는데 어느 날 그는 시인이 되어 내 앞으로 다가왔다. 2008년도 『새시대문학』 봄호로 시와 수필 부분으로 등단을 하고 이제 첫시집을 상재하게 된 것이다. 노래와 꽃예술에 천착한 년도와 비교한다면 문학은 이제 역사를 시작한 단계에 이른다.

만학도로 즐기는 음악공부를 위하여 동의대학교 음악과를 졸업하고 대학원 석사를 마친 열정으로 본다면 시의 역사도 열심히 세워 가리라 기대된다.

예술적 즐김과 다양한 끼를 융합하여 생활예술을 즐기는 그는 노래와 꽃예술 등에 대한 오랜 기간의 연공이후에 가장 늦게 발들인 곳이 시문학이었다. 꽃과 노래로 다 표현하지 못하는 세상에 대한 사랑과 기다림, 그리고 외로움과 회한이 시의 세계에 이르게 된 것이 아닌가 생각된다.

시의 언어는 운율이 그 생명이 될 때 그 울림의 파장이 감동을 일으키게 하고 감동은 나를 넘어 너와 우리를 통하게 하는 공유를 가지게 한다.

부산 칸트리 클럽의 흐드러지게 핀 하얀 목련
그 속살을 보며
내 안의 시향이 함께 찾아오네

긴 겨울의 터널을 벗고 나온
따스한 햇살에
앞산은 점점 연둣빛으로 물들고

어디선가 들려오는 노래에
여린 들꽃은 한들한들 춤을 춘다네

산속의 훈풍에
꽃샘추위 비껴주는 삼월은
온갖 방해에도 굴하지 않는
새봄의 전령사

-「부산 C.C의 봄날」 전문

골프를 즐기는 부산 칸츠리클럽의 봄날에는 목련꽃이 있다. 흰색의 목련은 봉오리를 맺기 시작하면서 터질 것 같지만 터지지 못하는 순간의 멈춤에 그 절정의 힘이 있다. 골퍼들의 사랑을 받으며 집중해야 되는 드라이브샷이나 아이언샷을 벗어나 걸으면서 잔디와 숲을 거닐 때 눈부신 목련의 흐드러짐에 에너지의 원천이 있었음을 기억한다. 한참 골프를 배워 즐겼던 40-50대의 봄날에

필자도 그 전율에 젖은 때가 있었다.

시적 화자가 하얀 목련꽃에서 시향을 찾고 연두빛 초록으로 변하는 숲의 빛깔과 노래에 춤추는 여유를 가지는 것 또한 승부의 세계가 아니라 겨울에서 봄으로 이동하는 생명의 찬가 분위기를 창조해 간 것이다.

오래 전 영화 음악인가
기억조차 멀어져 간
적과 흑의 부르스가
라디오 채널을 타고 애절하게 흘러나온다

끊어졌다 이어졌다
가늘게 굵게 흐느끼면서
색소폰 가락에 실려
그리운 시절로 데리고 간다

그땐 그랬지
뜨거운 여름 햇살도 더운 줄 몰랐고
진종일 돌아다녀 마시는 먼지 또한 싱그러웠고

푸른 하늘 머리이고
뜨거운 피 가슴에 가득해도 목이 말라
그리운 사람 위해 내 마음 불태웠지

누가 말했던가
스탕달처럼 뚜렷한 메시지라면
삶도 윤택해진다고

붉고 검은 두 색깔이
선명히 자리하니
오갈 데 없는 내 자리는 분명 여기 밖에 없을진데

아직도
최고의 음률로 꼽고 있는 나는
누구의 스탕달인가?

-「적과 흑의 부르스」 전문

원래 이 곡은 일본의 가수겸 배우 쯔루다 코지가 불렀던 곡인데 미국의 유명한 색소폰 연주자인 오스틴이 일본 동경 투어 공연에서 일본 팬들을 위해 이 곡을 테너 색소폰으로 연주하면서 명 연주곡으로 알려진 곡이다.

우리나라에서도 1960~70년대 라디오에서 가장 많이 흘러나온 경음악으로 알려져 있다.

쯔루다 코지의 노래말 가사는 "꿈을 잃어버린 나락의 밑바닥에서 /무엇을 괴로워 하느냐 그림자여/ 카루다와 술로 짓무른 가슴을 안고/살아야 되나 살아야 되나/ 아아 그 여인이 그리웁고나" 센치멘탈한 소녀적 취향의 애절함이 있던 소녀시절에 많이 듣던 음악을 다시 들으며 그리움에 젖는다. 어쩔 수 없는 낭만의 세월을 먹고 아직도 시인은 그러한 영역을 포기하지 않는다. 때문에 그의 시는 서정적 낭만을 아직은 서툴지만 직설적으로 담고 있는 시인이다.

여명을 깨우는 현란한 소리에
감긴 눈 겨우 떠서
창밖을 보니
떠나는 겨울이 울면서 내리네

그냥 가기가 아쉬운지
사정없이 창문을 때리며
울부짖는 겨울비는
이제 봄이 오는 길목을 터주며

떠나야만 하는 시간이 아쉬워
저리도 서럽게 우는가.

-「겨울이 가는 소리」 전문

토스카가 아니라도
노래에 살고 사랑에 살고 싶다.
봄이 지나가는 서러운 하늘 보며
아-
노래 부르리- 사랑에 고파서

흐느적거리는 지휘자의 손짓 아래
빼꼼 빼꼼 내다보며
목을 뽑는
너도 나도

어느새 듬성이에
스쳐가는 계절 담고
눈물 그렁 고인 눈

노래에 살고
사랑에 살고 파라.

-「노래에 살고 사랑에 살고」 전문

노래에 살고 사랑에 살고 싶은 김경희 시인의 삶의 지향점을 읊은 이 시는 그의 살아 온 생활과 살아갈 삶의 가치와 열정을 제시하고 있는 자기 다짐의 시라고 할 수 있다. 때문에 문학과 음악의 치유를 통하여 그는 참다운 일상의 평화를 가질 수 있을 것이다. 다양한 취미생활을 받쳐주는 부군, 잘 자라서 각자의 위치에서 보람찬 나날을 보내고 있는 자녀들, 그는 분명 다복한 삶을 살고 있다.

늦게 우리 부산여성문학인협회에 입회했지만 넉넉하게 베푸는 봉사 정신이 합창단 이외에도 자주 목격된다. 앞으로 문운과 음악의 길에 행복 가득하기를 바랄뿐이다.

2015. 12.

차례

1부 어머니, 내 어머니

2부 월정사 난나다 카페에서

3부 아직은 여자이고 싶다

4부 축하의 꽃다발

1부

어머니, 내 어머니

어머니, 내 어머니

시매기리 꼬부랑 재 넘어
엄마 시집 온 진해 웅천길 지나
아늑하고 양지바른 언덕길 천자봉에
사랑하는 엄마가 계신다네

얼마나 아프고 얼마나 외로웠을까
아버지 돌아가신 10年 세월이……
받들지 못한 딸의 책임감, 죄책감
한 겹의 찰나를 느끼지 못하고
홀연히 떠나보낸 아픈 기억 속의 어머니

당신의 혈관으로 태어나
저리고 저린 긴 세월, 아파하며
공유하며 보낸 긴 時間을
힘들고 서러울 땐 언제나 곁에 있어준
든든한 엄마

이 봄도
당신만 생각하면
끝없는 후회 속에 가슴 아픈 기억들이
서러운 강으로 흐르네

어느 벚꽃 만발한 날에
한 아름 벚꽃 꺾어 당신에게 가리라.

무인도

시공을 초월한 노을빛 하늘 아래
물보라에 싸여 있는 아득한 섬 하나
고뇌의 눈빛 천년의 해탈로
무소유의 소유조차 거부한다
청정한 물살에 육체를 담그고
모든 탐욕을 초월한 청옥 같은 혼백이
연인의 죽음을 가슴에 묻은 듯
슬픈 물새 한 마리 되어
허공을 떠오른다
멈춤과 흐름을 공유하는 섬의 육체는
겨울 같은 나신으로 하얗게 묵상하며
고요히 정좌하고 있다
천년을 하루 같이 떠 있는 섬으로
살고 있다
어머니 같은.

내 나이 예닐곱 1

차가웠다
다리를 때리고 올라오는 바람은
분명 봄 바람일진데

마지막 볼 위에서
머리카락 휘날리며
허공을 맴돌다
다시 내 치마 밑으로 파고 오는 바람

설 지난 삼월인데
무꽃은 노랗게 자리했건만
웬 봄바람은 이리도 매서운지

엄마 몰래 꺼내 입은
짧은 치마, 봄이라며 내복벗은 내 다리는
겨우내 바깥에서
얼어 부은 무 다리

섣부른 봄 잘못 건드려
예닐곱 나는 몇 날을 알아 누었었는지
아— 그 시절 봄날은 왜 그리도 추웠을까?

내 나이 예닐곱 2

아이고 내 팔자야!
정자야
우리 집에 도둑 들었는갑다
옷장을 다 뒤지고
장롱 서랍도 다 빼놨네

나중
정자 언니네 아지매에게 들은
울 엄마의
놀란 넋두리의 일부분이다

범인이 바로 딸이라는 걸 알고
기가 막힌 엄마는
기막힌 만큼 딸을 죽였다

아직도 추운 봄바람에
언 다리도 녹이지 못한 채
예닐곱인 나는
또 그렇게 정자 언니네로 쫓겨났다.

내 나이 예닐곱 3

내가 무슨 팔자로
저런 팔랑개비를
자식으로 낳았던고

아직도 머리에 찬 수건을
열 내리라고 바꿔주며
한 섞인 목소리로
볼 벤 음을 내는 울 엄마

열이 올라
눈까지 빨개진 딸을 보며
조금 전
죽어라고 때렸던 것을
후회하며 넋두리 해대는 엄마

나는
내가 아파서 좋았다
우리 엄마가
정자 언니네서 아픈 나를 업고 와서
약 먹이고 찬수건 갈아주며
걱정을 해주니
참 행복했다.

내 나이 예닐곱 4

오르던 열
겨우 잡아 살포시 잠들었다
꿈속에서
우리 집 작은 단칸방이
봄 치마 찾는다고
서랍마다 다 열어제껴
방바닥이 시골닷새 장터다

조금 전 내가 벌인 우리 집 작은 방이
내 꿈에 그대로 연출되어
내가 작가되어, 치마 폭 동여맨
엄마의 가는 한복 허리가
하얀 버선발로
백지 얼굴 되어 시골장터 한 복판에
이리 저리 뛰며 흩어진다

얼마나 놀랐을꼬
가져갈 것 없는 단칸방에
그래도 도둑은 제꺼를 알고 훔쳐간다니
세월이 지나
나중에, 또 그날처럼 철없는 손녀도둑이 들려나?

어언 이순이 지난 지금
행복했던 예닐곱살 곱씹으며
그 시절 생각하면
아직도 아련한 가슴 어디다 두리요.

백마강 달밤

앞산의 매화향이 바람에 실려
봄은 이미 와 있었네

이제야 눈꼽만큼의 어버이 사랑을 아는
어언 이순

오늘은 그리도 무섭기만 한
아버지 생신날.
기분 좋게 약주하신 아버지 무릎에는
외손주 진아가 앉았네

목소리 색깔, 음정, 박자
삼위일체 위에 고급스럽게 춤을 추며
아버지 목소리에 실려
날아다니던 애창곡 백마강 달밤

그것이 사랑인줄
반백이 돼버린 이제사 느낀
불효여식의 가슴에는
뜨거운 불덩이가
눈물 되어 흐르네.

저 멀리 장복산에 봄이 오네

"기약 없이 떠나가신 그대를 그리며
먼산 위에 흰 구름만 말없이 바라본다"

조두남 선생의 그리움, 그리움의
싯귀가 와 닿는 진해 장복산

이제
막 물오른 벚꽃 봉오리 한껏 품고
그 아픔마저 꽃으로 피워내는
장복산

붉게 물든 꽃봉오리 그대 가슴인양
시루봉 넘고 안민고개 돌아
내 마음에 살포시 내려앉네

화려하지 않은 수수한 그 산길에
다시금, 기약하는 천년을 두고

오늘도 나는
아버지 그리며
고향의 산
장복산을 오른다.

그리운 나의 아버지

추억 속에 살고 있는 내 아버지는
언제나 무서우셨다
여고 2학년
부풀은 수학여행

그때도
아버지의 사랑을 받고도
철없는 딸이었다

엄마 알세라 두 번 씩이나
슬쩍 건네주시던
등록금
그땐 왜 몰랐을까
그리도 깊은 아버지의
참 사랑을

고맙습니다
그립습니다
보고 싶어요
아버지.

사랑하는 엄마! 최이엽 여사

당신의 따사한 햇살 받으며
양지로만 양지로만
옮겨 앉았던 어린 시절

당신의 은혜스런 사랑으로
알알이 영근 석류알처럼
진리의 열매 받아먹으면서도
그것이 사랑인 줄 몰랐던

이제 당신의 마음으로 빚은 얼음 같은 투명체
내 몸으로 받아 보석 같은 지혜
명석하게 받으려니

그것은
겨울 창밖에
사락사락 내리는
첫 눈 오는 포근함

잊혀 지지 않는
최이엽 엄마 품.

등 뒤

바라보기도 아까운
그저 손닿는 곳
내 것으로 보관중이라는 관념만으로도
늘 행복을 줬던 그
안 먹어도 배 부르는
천년만년 내 삶의 에너지였던 그
그리도 내겐 태양이었고
그리도 내겐 별이었던 그

이젠
내가 원하지 않는 방향으로도 잘만 직진하는
등 뒤에 그로 변해 버렸다

세월의 흔적 일깨워 잘 가꾸어진 정원의 유실수 마냥
그는 언제나 부르면
내 것이었던

나뭇가지 앉았던 흰 눈 마냥
툭툭 털어내지도
그 누구도 따먹을 수 없었던
나만의 과실이었거늘

마음 다해, 물주고 덮여 주고 안아주었기에
이제는 커다란 묘목으로 자라
등 뒤를 보이며 그렇게 그렇게 멀어져 간다

때로는 거부하고
때로는 인정하면서
흐르는 구름처럼
내가 좋아하는 겨울 호수에

이제
긴 그림자나 드리우고
산다는 것조차도
망각하며
그렇게 잊어버리자고

지는 해
차거운 바람 속에
또 한 번
소리 쳐 본다.

섬진강에 묻은 아픔 (진해 언니와의 아픈 추억)

언제였던가
지리산 뱀사골 휘돌아
하동 길 끝자락에
떼어놓은 섬진강 언저리

때마침 소나기 퍼부어
은빛 은어들의 유희는
허리를 치며 솟아올라 장관을 이루었고

그날 밤
하늘에 걸린 그믐달은
언니의 아픈 속내 덮어주며
출렁이는 강물 속에
한 맺힌 수십 년을 던지라했네

오늘
7月의 쨍쨍거림 속에
다시 찾은 섬진강은
그날
언니의 아픔은 어드메쯤 묻었는지
장엄하고도
부드러운 오케스트라의 합주를
이제, 막 시작하려고 하네.

먼 길 떠날 사랑

– 헌아 입영 통지 받던 봄날에

끝없는 초록 물결이 출렁이는 앞산에
드문 드문 자리 잡고
막 시작하려는 진달래 꽃잎에
얼룩이 졌다, 퍼졌다

한마디 말없이
종달새 나래위에
날아온 아쉬운 이별의 통보
빨래위에 떨어지는
눈물을 함께한 긴 한숨은
그래
거역할 수 없는 사람의 도리라고

먹먹해져오는 마음 어디다 두리요
진달래 봄은 이미 시작됐건만
먼 길 떠난다는 내 사랑과의 이별은
언제쯤 인정 될려나

그래
건강한 모습으로
또다시 봄이 오는 그 길에서
다시 우뚝 서길
엄마는 승리의 기도로 널 보내련다.

아들을 노래한다

세월 속에
함께 묵은 긴 터널에서
이제는 바깥 풍경 소리를 들어본다

벌떼같이 소란하고
암울하기도 한 세상이지만
파란 물 밑바닥에 깔린
때 묻지 않은 흰 모래알 같은
아들이 눈부시다

오늘
지산 칸트리
멋쟁이 아들은
통쾌하게 굿 샷을 날린다

그래,
인생도
언제나 나이스 샷을 날리게
멋지게 준비하거라.

나의 시어머니 1

앞가르마 곧게 파서
동백기름 발라
야무지게 올려놓은
결코 흩어지지 않는 단단한 뒷모습의 비녀까지

항시 겨울왕국에 입성하는 그날이련가
언제나 언 동네 서 있던
하얀 버선목,
허리 밑에 질끈 동여맨 잘록한 모습 또한
차더이다

변하지 않는 한 가지
니 형 꺼는
니 형과 갈라 쓰라
니 형도 챙겨줘라

여지껏
얼음왕국에 입성하여
아직도 니 형 타령만 하실 그분,

나의 시어머니
겨우내 언 땅에
이른 목련 봉우리 만드실까?
내년,
하얀 꽃으로 피워나게.

나의 시어머니 2

차가운 냉방에
한겨울을 심은 듯
휘몰이꾼 모진 바람에도
서럽고 외로운 세월은 언제나 그 분 편

목마타고 지나온
힘들게 버텼던 인생자리
피할 곳 없을
아스라한 영혼 앞에서, 또한 맞딱드린 건 겨울

맑은 가난은
언제나 풍성함을 엿보듯
긴 겨울해를
목이 넘게 겸손을 떨며
항시 부족한 영혼을
잉태하는 그분,
나의 시어머니.

건강검진 받던 날

광안대교가 눈앞에
훤히 펼쳐진 여긴 13층
오늘은 건강검진 받는 날

옆에 앉은 사람은 병원 의자가
자는 침대인양 한잠에 빠졌고
간호사의 두 번씩의 부름과
투박한 나의 세 번째 고함에 놀라, 번쩍
참으로 닮고 싶은 넉넉함? 아님 태평스럼

그래도 혼자이고 싶진 않은 마음
나이 탓인가
오늘 검진 잘 받아
서로에게 허기진 마음
헛헛한 삶속에
아픔 없는 윤기로 반짝반짝, 덧칠하며 살고 싶다.

남편

휘트니 휴스턴의 보디가드의 삽입곡이
텔레비전 목소리랑 함께 어우러져
나를 깨운다

휴대폰의 컬러링인 휴스턴의
애절한 절규도
오늘은 전혀 먹히질 않는다

몽상 중에
어설픈 남편의 손길에
순간 깨어보는 내 눈에
앙징스런 된장 냄비가 들려있다

참 놀라워라
참 고마워라
창공을 솟아오르는 독수리처럼
새봄 맞아 우지짖는 노고지리처럼
힘차고 자신있는 나를 발견한다

그나마 잠깐의 내 몽롱한 시야에서
어젯밤은 끊이지 않는 잠을
행복하게 잘 수 있었다

이 행복
바로크 시대의 통주 저음 음률처럼
가슴 밑바닥에 영원히 남으리라
희망으로.

준성이의 출현

작년
벚꽃 눈이 흩날리고
먼 산 뻐꾸기 울었던
초여름

영원히 함께 한다는 건
나 혼자만의 약속이었나
어머니는 내 곁을
그렇게 홀연히 떠나셨다

이듬해
오늘
파고드는 그리움 이기지 못해
빈 밤을 철철 흘리며 숨죽여 뜯고 있을 때

눈물 수건 훔치는
한 점의 내 사랑이 천상의 요람타고
살포시
내 마음에 앉나니

존재의 이유는
들녘의 망향초 같은 넉넉함을 안고
꿀 같은 영혼으로 내게 왔다

김준성!
요람 안에 그네 타는 어린천사여.

내 작은 사랑 정민준

수화기 저 쪽
서울에서 시원시원한 목소리가
차랑 차랑 울려온다

오늘은 토요일
일주일 맨 마지막 날
내 작은 사랑 민준이랑 交感하는 날

월
화
수
목
금
토

매일이 학업의 연속으로 너무도 바쁜
내 사랑 쭈니!

내년에 교내 오케스트라 바이올린 단원이 되고 싶어
스케줄이 바쁘다며
서울 오려면 미리 미리 시간 약속하고
오라는 올해 9살 우리 민준이

그래도 토욜 아침만은
나의 맘 행복하라고
또랑또랑 통화해주는
나의 작은 사랑 정민준

봄밭에 쑥처럼 영양가 잔뜩 품어
쑥쑥 건강하게 자라거라.

항시 가슴속엔 꼬마 숙녀

아카시아 흰 꽃 우수수 떨어지는
양동초등 교정 안
하얀 모자에
코발트빛의 오버 밑으로
긴 흰색 부츠가 너무나도 어여쁜
똘망똘망한 꼬마 숙녀!

먼 기억속의 그 숙녀는
지금은 어디만큼 가고 있을까
항시 가슴속엔
아카시아 흰 꽃으로 자리하는
나의 작은 등대

흐르는 강물 따라
등대 바라보며
오늘도 힘차게 힘차게
흘러가거라 그 불빛 따라

유진이 보내고 돌아선 김해공항

– 유진이 캐나다 유학 떠나던 날

김해공항 플랫폼
수많은 발길이 뒤 섞이는 곳
걱정 없이 넘나드는 인파
그냥 보기에는,

아직 보낼 준비 멀었건만
저만치 친구들과
작별 인사를 한다
꿈을 좇아 파랑새 나라로 간다고

쳐다만 봐도 귀엽고 싹싹했던
막내 딸
결코 버릴 수 없었던
제 것을 찾으러
더 넓은 세계로 간다니

그래–
잠시 동안의 이별이라 생각하고
먼 길 떠나서도
열심히 니 것 찾아 엄마 품에 오너라

그동안의 추억으로 갈피갈피 새기며
다시 만날 그날을 고대하련다.

2부

월정사 난나다 카페에서

박경리 선생을 만나다

한국의 나폴리 항 통영
뜨거운 뙤약볕아래
열정으로 응고된
박경리 선생님

가을 낙엽을 끌어안고
진하디 진한 진통을 겪었을
당신이 있기에 이리도 더운 날

속살까지 아려오는 아픔에도
장미보다 더 붉은 인연으로
거듭나는 영혼이 되길

소설만큼
아픔이었을 당신의 삶을
당신의 문학 세계를 존경합니다.

적과 흑의 부르스

오래 전 영화 음악인가
기억조차 멀어져 간
적과 흑의 부르스가
라디오 채널을 타고 애절하게 흘러나온다

끊어졌다 이어졌다
가늘게 굵게 흐느끼면서
색소폰 가락에 실려
그리운 시절로 데리고 간다

그땐 그랬지
뜨거운 여름 햇살도 더운 줄 몰랐고
진종일 돌아다녀 마시는 먼지 또한 싱그러웠고

푸른 하늘 머리이고
뜨거운 피 가슴에 가득해도 목이 말라
그리운 사람 위해 내 마음 불태웠지

누가 말했던가
스탕달처럼 뚜렷한 메시지라면
삶도 윤택해진다고

붉고 검은 두 색깔이
선명히 자리하니
오갈 데 없는 내 자리는 분명 여기 밖에 없을진데

아직도
최고의 음률로 꼽고 있는 나는
과연 누구의 스탕달인가?

추억 속에 남아있는 그 시절 그대에게

그때는 그랬지
언덕에 부는 살랑대는 봄바람도
송화 가루 바람에 실려 흩날리는 희뿌연 바람도
모든 것이 나만을 축복하는 양
마냥 행복했었지

슬퍼 흘리는 눈물도 달콤했었고
그리워 그리워 목 메인 가슴 또한
마음의 순결잔에다 심었었지

그 시절 잔속에
심었던 해맑은 영혼은
아직도 그대로이건만
내가 서 있는
여기는 어디쯤일까?

노래에 살고 사랑에 살고

토스카가 아니라도
노래에 살고 사랑에 살고 싶다.
봄이 지나가는 서러운 하늘 보며
아-
노래 부르리- 사랑에 고파서

흐느적거리는 지휘자의 손짓 아래
빼꼼 빼꼼 내다보며
목을 뽑는
너도 나도

어느새 듬성이에
스쳐가는 계절 담고
눈물 그렁 고인 눈
노래에 살고
사랑에 살고 파라.

내안을 환히 보는 세 개의 망원경

유럽여행 이태리 밀라노에서
르네상스의 거대한
물기둥인 다빈치도
화려하면서 웅장한
두오모 성당도 만났지

두오모 성당에서
두 손 모아 아이들을 위해
기도 올렸다

이제사
그때의 메아리가 들려오는 듯
우리 셋 모두는
엄마 속을 훤히 들여 보는
망원경 한 개씩을 지녔다고…

아–
맑고, 고운 하늘에
아직도 세월 속에
이리도 찬란한
무지개를 꽃 피울 수 있나 보다.

이제야 뒤돌아보니

어느덧 이순 넘어
건너온 세월 돌아보니
강 저편에서
환하게 웃고 계시는
사랑하는 엄마, 아버지 계시네

큰딸이라
여름 해변 나들이에
막 유행하던 비키니 수영복 입으시라던
나의 아버지

그리도 멋쟁이 아버지였거늘
내 기억속의 아버지는 늘
무섭기만 했었다
이제야 알아본
나의 아버지

정녕 보고 싶고
그립고
다독여 주고 싶은
여리디 여린 정 많은
나의 아버지.

발의 찬양

세상의 운기
제일 먼저 받아
오늘도 찬란한 태양의 열정을
온몸으로 전해주는 그대, 맨발의 투혼이여!

흔히들 말하지
너 참, 손이 예뻐
어쩜 그리 통통한 게 손가락도 길쭉하니
끝에 발린 빨간색의 메니큐어도 어울린다면서,
예쁜 손의 칭찬에 그저 해벌죽—

주룩주룩 장맛비 내리는 오늘
구정물 스며들까 이리 밟고, 저리 밟고, 즈려 밟고도
예쁜 구두 젖을까, 속양말 젖을까
내심 초사지만 정녕 그대 젖을까
맘은 한 번도 있었던가?

오늘—
흔하지 않은 기억으로
그대 향한 아리도록 고마운 마음
진한 사랑담아 고백 해 본다
미더운 세월, 함께 한 그대여
고맙고, 사랑해, 영원토록.

언덕

언제나
내 아픔의 등받이는
당신이셨습니다

기린의 긴 모가지는
이젠 가버렸기에
기다릴 수 없는
당신의 사랑이랍니다

어느 날
갑자기 찾아온 진통 속에서의
긴 통곡이
왜 내 것 이여야만 했는지……

영원히
끝나지 않은 쓰라린 기억 속 당신의
따뜻했던 젖무덤이
네잎클로버의 행복한
나만의 언덕입니다.

겨울 강

저만치
흰물새 한 쌍, 부부인가 정다워라
세월의 깊이인양
너울 없는 푸른 물은 그리움만 그득한데

겨울을
먹었는가
물 위에 이파리
시리도록 차거워라

어릴 적
강가에서 부르던 노래
또 한 번 되뇌어 보지만
언제나
그리움은 내 안에서 자라는걸

늘
먼 곳에 그리움 묻고 손짓하는
쉼 없이 흐르는 겨울 강
그대 눈물인양
오늘도
봄은 저만치어라.

그릇

지킬박사와 하이드씨는
어찌하여 여기까지 왕림하셨나이까?
보잘것없이 까칠하고 작은 형상이지만
그 안에 품고 있는 진상은
그리도 소중한지를
어떻게 아리오

지구위의 모든 이치가
이 안에 담기거늘
되바라져 넘어져 있는
얕은 속의 몰골이라
어느 님이 탓 하리오

헤픈 여인네의 청색 다이아도
썩어빠진 도랑물 위에서도 도도함 잃지 않고
차라리 다 안고 가는
그대, 작은 가슴일진데.

산사의 가을 저녁

좀은 두꺼워진 가을 햇살을 받으며
어느 산사인지
알지 못하는 호젓한 산속에 서 있다

그토록 작열하며 내리쬐던 태양도
멀리 작별을 고한 채
한동안 뜸한 안부를 물어본다

잿빛으로 서서히 물드는 저녁 풍경이건만
산은 또 알록달록 고운 색칠의
가을 옷 갈아입고 오겠지

산 아래
나지막히 저녁연기 스멀스멀
어느 집 아궁이에 낙엽 타는 저녁 향기

이순에 나이테 긋는 소리

아직은 설익은 세월속이라며
기대려한다
또한
백마 타고 홀연히 나타날 누군가에 망상을 해대며

트인 창문 너머
거기
철 이른 매화 한그루 청매 향내 실어오네
벌써 또 한해를, 봄인가봐

읽어버린 망각 속에
더듬은 기억은
오늘도 한 섞인 한숨뿐이네
언제나 그렇듯
나이테를 긋는 소리.

쑥국

설한 엄동이 다져놓은 언 땅들치고
강인한 생명력을 밀쳐 올리는
쑥

푸석이는 검부적 헤치고
엉겅퀴 같은 거친 손에
봄 향기를 주워 모은다

구비치는 낙동강의 푸른 경관
황홀 젖은 시야에 올려놓고

봄 숨결이 평화로운 언덕 뜨락에
살가운 해살 한 방석 펼쳐 앉아

강바람으로 지핀 검불위에
낡아빠진 양은 걸쳐놓고

훈풍에 숙성된 매향 설설 뿌린
쑥국으로
겨울 네네 묵은 신맛의 흔적 지우고
향긋한 봄맛을 감치어 준다

겨울이 가는 소리

여명을 깨우는 현란한 소리에
감긴 눈 겨우 떠서
창밖을 보니
떠나는 겨울이 울면서 내리네

그냥 가기가 아쉬운지
사정없이 창문을 때리며
울부짖는 겨울비는
이제 봄이 오는 길목을 터주며

떠나야만 하는 시간이 아쉬워
그리도 서럽게 우는가.

오대산 월정사의 밤에도

깊은 골짜기 적막한 밤에
오늘도
어김없이 그는 내게로 온다

풀리지 않는 수수께끼인양
깊이를 가늠할 수 없는
청정한 하늘의 별을 이고

이 밤도
애인 있어요
나지막한 목소리를 귓가에 흘리면서

자박자박
익숙한 걸음 소리를 내며
월정사의 밤에도
그대는 와 있었네.

월정사 난다나 카페에서

높푸른 가을 하늘이
어디메 있는지 보이지 않네
난다나 카페에선

언제나처럼 달려가고만 있는
시간 앞에서
왜 나만 지나간 시간을 그리워하는지

양대 산맥인양
쭉 뻗어있는
고로쇠 전나무들에게 고하노니

그날
난다나 카페에서 읊조린 나의 사랑은
월정사 저녁 산을 타고
높푸른 오대산 이마에
연으로 걸려 세상을 향해 퍼질 것이네.

8月의 세레나데

이른 새벽
이제 막, 동은 틀려나
어둠은 질러가고
한줄기 얇은 청 푸름은 성큼 앞에 선다.

언제나 이 시간
혼자만의 아늑한 치료실은 열린다
사람들은 왜 보이지 않는 내일의 시간으로
질주본능을 원하는가
언젠가는 너도, 나도, 다들 가고 없어 질텐데

우리네 등 뒤엔 똑같은 이름표가,
죽음은 언제나 유효하다면서
소중한 삶을 만지작거리면서
신나게 따라 붙는다

생각의 저 편엔
넝마가 다 되어 허벌어진 아픈 상처들을
드레싱하듯 꼼꼼히도 들여다 보며
잘 기워진 박음질로
촘촘히 덮어주는 또 하나의 내편이 있다

오늘의 치료실엔 어느 누가 다녀 가는가
어제보다 한층 부어오른 심장이기에
수면너머 퉁퉁부어 울고 간 또 어느 사람 있기에
아늑한 치료실엔 오늘도
칼끝같이 뾰족한
잔금으로
그 누구의 슬픔을 정성스레 구겨 막는다.

가야공원 밑에서 어릴 적 소꿉 살던 친구야!

눈 뜨면
하루도 안보면 섭섭한
골목 안쪽 옥자네로 향한다
나보다 조금 큰 옥자는
마음이 참 예뻤다 소라 고동처럼-

별 가루 하얗게 뿌려놓은
긴 신작로를 지나
제일 안집 노방구
그 앞에 양방구
그 시절 참 정겨운 별명이었지

개울가
줄지은 포푸라 나뭇길 언덕받이 집에서
흰밥과 맛있는 반찬으로 우리를
반겨주던 연순이

상큼한 봄바람에
웃음소리 청정한 하늘로 퍼지고
깔깔대며 마주보는 눈에는
눈물 그렁, 그렁

어느새 돌아갈 어둠 깔리면
영롱히 빛나는 하늘의 별을 세며
집으로 총총히

허공을 차고 나가는 세월은
녹슨 수레에 실려
봉연이, 옥자, 연순, 정순이, 정애 그 시절 친구들을
싣고 그렇게 저물어 간다

동트는 새벽길
새록새록 사랑비 내리는 날에
목청 돋우어 불러본다
먼저 떠난 현숙이를.

3부

아직은 여자이고 싶다

2015년의 대망의 해를 광안대교에서 맞이하다

하늘의 神이 예쁘게 꾸며 살포시 내려놓은
부산 제일의 명물 광안대교
고니도, 황새도, 갈매기도
포근히 안아주네
오늘은 첫날이라 잔치를 벌였네

떠오르는 붉은 태양은 엄마 품처럼 따뜻하고
잔잔히 너울 치며 조금은 성을 내어
방파제를 넘나드는 파도는 아빠소리 내면서
그 안에 보호 받고 진을 치며
무탈하게 잘 사는 우리는 부산의 가족이네

누군가 띄운 鳶은 하늘 품을 열며 열며
엄마의 품 속 인양 마구 마구 헤집고 열어가는
저마다의 꿈을 적어
올해 내내 안녕을 기원하리!

靑羊의 해인 올해는 순하디 순한
때 묻지 않은,
어릴 적 엄마 찾아 울며불며 긴 골목 헤메이던
순수하고 때 묻지 않은 그 시절의 영혼을 찾아내리
꼭 물어 오리라! 올해는.

울어버린 광안대교

탱글탱글 윤기 나던 그 모습 어디두고
넋 나간, 빛 잃은 기인 다이야가
슬그머니 저린 내 안에 자리까네

수 만 개의 가락지
포물선 그리며
광안리 모랫벌에 쉼 없이 떨어지는
영롱한 다이아의 찬란함을 훔친
서러운 겨울비는 내일의 태양에다 바칠려나
저리도 허느적 거리나

여린 생명 키워내신 눈물 많은 어머니인가
광안대교 품에 안은 어여쁜 다이아는
나를 안고 어르시는 어머니의 그 품이네

뿌우연 시야에
추적대는, 빛 잃은 광안대교
어릴 적 아팠던 내 모습인가
울어버린 광안대교의 노스탤지어여!

광안대교의 불꽃 축제 1

그날 밤
광안리의 하늘은 파죽지색
그야말로
세계 미인들의 향연이었다

필리핀 미녀의 붉은 빛
네팔 미녀의 푸른 빛
두바이 미녀의 우유빛깔
싱가폴 미녀의 초록 빛…

불현듯 그립다.
나는 무슨 색깔의 미녀였던가?

광안대교의 불꽃 축제 2

새벽 두시 지나 겨우 빠져나왔다
길고도 먼 터널, 지독했다
인파에 밀려 파도를 타고와도
이러진 않을진데

자가용이 못내 괘씸해서
그 안에 갇혀
어쩔 수 없는 선택 밖의
내가 참으로 한심하다

하늘에는 불꽃 축제
땅에는 지옥 축제
그래도 오늘은
부산의 최고인 불꽃 축제일.

광안대교의 불꽃 축제 3

하늘에는 현란한 색채의 알갱이가
수소폭탄을 싣고
사랑 비 되어 룰랄라 흩어지네

청 맑은 가을 하늘
빈 데 없이 퍼지면서
일깨운 영혼 속에
첫 사랑 채워주네

수줍어 내린 예쁜 보석
석류알 곱게 심어
잃어버린 수십 년
아쉬움 실어 내게 오네.

아! 5月이다

꽃비처럼 설설 흩날리는
눈꽃이 지는 게 안타까워
내 마음도 따라지는 줄 알았건만

가는 게 있으면
오는 게 있기에
지는 벚꽃, 목련 안타까워
밤새 가슴앓이 했는데

그 자리 선명히 채워주는
벚꽃보다 매력적인 철쭉이 한 몫하네
붉은 카펫 깔고 한들거리는
들녘의 야생화도 오월임을 손짓하니

우리네 마음도 오월과 함께 한껏 부풀구나.

봄이려나

또닥 또닥
창 밖에 서성이는 님은 누구시온지
불 꺼진 거실 밖으로
훤히 내려뵈는 가녀린 봄비

사각 사각
눈 덮인 겨울 길 절뚝이며 걸어가는
그때의 까치는 지금은
어디쯤 가고 있을까

보슬 보슬 내리는
봄비에 실려 온
상큼한 매화향은 어쩌라고
아까워라
까치도
매화도
흰 눈도
이 봄비가 훔쳐가려나.

백담사행은 36명이 정원이라네

– 부산여성문학인협회 강원도 봄기행에 부친다

비제의 카르멘의 주인공인양
흑장미 입에 물고 사랑을
노래하고픈 새벽이 열린다

아름다운 장터의 경매가 시작되고
쏴– 하고 향기 나는
박하향의
추억의 콘서트가 열리면서

넥타이 휘날리는 멋진
님의 품에
하룻밤의 열병에
인제의 밤은 깊어간다

송화 가루 흩날리는 백담사
님의 침묵 계곡에서
퇴색 없는 서른여섯명의 합창은
연록색의 산사에 묻혀 추억으로 새겨진다.

소낙비

삶의 애환으로 얼룩진 땟자국
내 안에의 영혼
사정없이 때려라 씻겨져 내리라고

세차게 내리는 빗속으로
아롱지게 퍼져가는 쉬인 소리
그것은 정녕 세월속의 묵은 때이리라

불현듯
소낙비 오는 날 우산 들고 교문 앞에
서있던 엄마 보고 싶다
비와 함께 섞어 내리는 건 내안의 눈물인가

언제나 소낙비는 그리도 울리고 간다

보고 싶은 임이여

임과 이별한 아픔
헤일 수 없이 오래전이건만
외롭고, 힘든 시간
가신 임이 그립습니다

계절은 벚꽃 피어 안개비 내리더니
어느덧 송홧가루 뿌옇게 날리는
5月,

어느 핸가 이맘때
임과 함께 진해 안민터널 고갯길로
벚꽃 맞으러 갔던 그 날
아직도 엊그제 같은데

지난날
임과의 추억 마디마디
저려있는 그리움은
피가 나고 꼬집혀 할퀸
아픈 상처로 남아

잊어야 할, 꼭 잊혀져야 할 서름이건만
잊혀지지 않는 애틋한 정에
오늘도 한밤 중, 울고 있는 바보입니다.

아직은 여자이고 싶다

– 대운산의 봄을 찬양하면서

골짜기 마다 내려앉아 만산에
봄 만들어 꽃내음 알리는
여기 대운산의 진달래를 닮고 싶은
아직은 복사꽃 같은 여자이고 싶다

봄바람에 연분홍 스카프 날리며
호젓한 저녁나절 봄비소리에도
가슴 저릴 줄 아는
아직은 설레는 여자이고 싶다

먼 산 뻐꾸기 구슬피 우는 밤이면
한구절의 싯귀에 촉촉이 그리움에 젖어
가끔은 잊혀 진 사랑을 생각하는
센치한 여자이고 싶다

세월의 강은 소리 없이 지나가고 있지만
진달래 봄 타고 온 대운산에서
꽃향에 취해 마음에 취해 나이도 잊고 싶은
아직은 사랑받고 싶은 여자이고 싶다.

인제 行의 경매競賣

– 2015. 부산여성문학인협회 봄 문학기행 때의 버스 안 경매시장의 단상

또 놓쳐 버렸다
아깝다
놓친 물건이라 더더욱 애절하네

선홍빛깔의 예쁜 손거울도
캐나다 산 멋스런 가죽 지갑도
내 치수인 노란색의 골프화도
다 뺏겨 버렸다

차창 밖의 푸른 봄날
산들은 연둣빛의 향기를 날리건만
내 마음은 아베 마리아다

그래. 인제의 박인환 선생만큼은
아무에게도 뺏기지 않으리
낙찰 받아 내 가슴에 고이 안고 오리라.

봄

샛노란 민들레 뒤에
행운의 네잎 클로버가 헝클어져
흰 꽃을 피우는
우리 집 골목에는
봄이 한창이다

엄마 손잡고 마실 간 골목 끝집에 정자 언니네 텃밭에서
이제 막 햇살 받아 얼굴 내민 애기상추,
쑥갓들에 푸른 잎들이 정갈한 목욕을 하고 나간
함지에 뒷물은
웅덩이에 샘물보다 더더욱 파아랐다

우리내 사랑을 싣고 날아온
골목 안에 봄은
옹기종기 모여 정담情談 나누라고
추운바람
매서운 눈보라
그리도 멀리 쫓아 보냈구나

살아온 길
뒤 돌아보며 가슴속 품에 있는
그리운 그때여
이 봄
그대 그리워
빛 바랜 추억의 거울을 닦아본다.

아프면서 피거늘

쇼팽의 피아노 협주곡 9번인가
내 아픈 속내를 아는 이가
시린 하늘 머리 이고
그리도 추운 엄동설한 보내고

얼마나 아팠고
얼마나 통곡했을꼬
이 봄 나를 틔운다는 건
뾰족한 꽃봉오리 내밀 때의 진통을

365일 긴 나날 기다려
아픈 이 봄,
예쁜 얼굴 내밀었건만
야속타. 금방 저무는 게
꽃비 흩날리고 또다시
긴 겨울잠에 빠지는가.

망각 忘却

기장
불광산의 산속
이슬비 오는 쉼터 지붕 위 떨어지는 낙숫물 소리에
추억 함께 주렁주렁 소리 없이 내린다

뚝뚝
산길 자갈길을 적시며 서럽게
허느적 거리며 내리는 빗물
골짜기는 운무로 덮여
산속인지, 마음속인지
뿌옇게 시야를 가리며 눈앞이 먹먹해 온다

엊그제 봄
골짜기마다의 진달래 만발한
초승달이 흐르는 봄밤에 부수한 별빛을 유혹하며
지나가는 계절을 붉은빛으로 물들이더니

오늘
꽃은 어디가고 푸르름만 남은
잎새 위로 희망을 기대하는
또한 세월 내면의 저편에
그리움 담은
꿈의 날개를 날려본다.

삼락강변 유채 밭에서

비온 뒤의 초봄의 하늘은 맑았다
뜰에 내리는
노란 장대위의 꽃잎은
나의 노래 일곱 살이다

양 날개 팔랑이며
머리위에 나비이고
사뿐사뿐 내리딛는
노란 꽃 그날 꽃길

멀어진 기억속의 나는
어언 여섯 개의
나이테를 긋 노니

송화가루 흩날리는
삼락 공원 오늘 길
장다리 나비이고 저만치
서 있는 그대는.

봄밤

짧아서 아쉬운 봄밤에
찰살거리며 내리는 소리 없는 봄비도
함께여서 멋스러라

해방된 자유와
영혼인양 흐드러지게 피어있는
창밖의 목련 벚꽃과도
이 밤 좋은 친구이어라

나를 지켜주는 수호신인가
한가한 그리움만 묻어있는 오늘 봄밤에
모처럼의 행복을 즐긴다

어린 시절의 아픔, 상처, 그리움
한가득 묻고 싶은 봄밤, 봄밤
이 밤도 보고 싶은 어머니 어머님.

4부

축하의 꽃다발

2015년 2월, 새로운 특별한 봄맞이

- 부산 칸트리 클럽 2015년 시무식에 즈음하여

먼산 — 등성이에 희끗한 잔설은 아직도 뿌옛뿌옛 남았는데 오늘 우리 만남의 이 순간은 새봄의 물씬한 향이, 요한스트라우스의 봄의 왈츠를 타고, 살포시, 우리의 가슴 속을 헤집고 들어온다.

신 — 새벽
여명의 환한 빛으로 우리는 서로를 마주보며 봄을 재촉하는 물안개 저편을 함께 응시하며 새로운 역사의 한 페이지를, 노포동 뒷산자락에다 한 획 한 획을 힘차게 그려야 하네

그믐날, 초라한 강물의 달빛은 아니야
서럽게 흐르는 강물은 더더욱 아니야
하얗게 피어나는, 크리스탈 같은
이슬방울이 물안개 피어나듯
또렷하면서, 선명한 여운으로 그대 곁에 가고 싶어라

아지랑이 남실대는 봄날같이 언제나 기다리고
다가서고 싶은
넉넉한 사랑이고 싶어라.

축하의 꽃다발

– 부산 C.C. 이사 취임식을 축하하며, 복숙아 고마워

가수 현숙의 사랑으로
향기를 타고 롯데호텔 크리스탈 큰 홀을 적신다
사랑합니다
그대
사랑으로 다가오소서

오늘 이 순간 사랑으로 감사하고픈
하고 많은 꿈들이 있다

지푸라기처럼 욕심 없는 인생사 중에서
세월을 엮어 여기까지 왔건만
낭낭 꼭대기에서도
편할 수 있다는 넉넉한 마음을 알기에

내 맘의 불볕이 샹드리제 되어
그대에게 드리노니
이글거리는 태양보다 더한 진실 담아
사랑하는 동생 숙이에게 이 뜨거움 던진다!

부산 칸트리 클럽의 1번홀

영혼이 실렸다면
태곳적부터 였나
석류알 알알히 터질 것 같은
연분홍의 화신인가

3월을 알리는
부산 칸트리 첫 번째 홀의
아름드리 벚나무는
오늘이냐
내일이냐
순산은 언제일까

칸트리를 지키면서
훤히 내려다보는 봄의 보석
왈츠와 함께 흥겨워지는 춤사위

활짝 핀 벚꽃아래
굿 샷을 날리는
꿈의 언덕 부산 칸트리는
아름다운 탱고 밭이어라.

부산 칸트리클럽의 오후

고요가 안개타고
넉넉히 내려 앉네
물안개 수포되어
천장에서 뚝. 뚝.

아스라이 멀어진 추억 담으며
서서히 벗겨지는 망상의 잔해여
휴일 오후의 칸트리는
여유를 동반한 힐링의 쉼터인가

그리도 도도한 여인네들은 다들
어디로 가고
왁작벅적대던 복도의
기인 여성 락카룸에 한가로운
적막이 흐르는 오늘은
한겨울의 중심인
정월의 마지막 휴일.

부산 C.C의 봄날

부산 칸트리 클럽의 흐드러지게 핀 하얀 목련
그 속살을 보며
내 안의 시향이 함께 찾아오네

긴 겨울의 터널을 벗어 나온
따스한 햇살에
앞산의 푸르름은 점점 연둣빛으로 물들고

어디선가 들려오는
노래에
여린 들꽃은 한들한들 춤을 춘다네

산속의 훈풍에
꽃샘추위 비껴주는 삼월은
온갖 방해에도 굴하지 않는
새봄의 전령사.

왕 벚꽃나무여!

- 이제는 볼 수 없는 부산 C.C의 15번홀

오래전
어린 시절 자라던 동네가 그립고
엄마 품이 그리울 테면
괜스레 너 앞에서 센치해졌지

이 언덕에서 언제부터
너의 자태를 뽐내며
숱한 사람들에게
사랑과 안식을 주었을까

엄동설한 모진 바람 등 시려도
봄을 입고 어김없이 약속 지켜 준 너의 예쁜 모습
말없이 내려다보는 언덕길엔
수많은 애환이 스쳤겠지

너 있던 그 자리가 놀이터였고
너 있던 그 언덕이 엄마 품이였거늘
출렁거려 애잔한 마음
무엇으로 덮으라고
그리도 아쉬운 작별을 하는고

초록융단 내리 깔고
그 멋진 자태 뽐내던 작년 봄
너와의 이별을 어찌 예견했으리

이 봄
온산의 생명품은 꽃망울
새봄입고 다시 왔건만
너는 어디로 가서
영원을 흩날리고 있느냐

한라산이 내려놓은

– 오라 칸트리 클럽

굿 샷
경쾌한 금속성 소리 떡 메 치듯
찬란하다
그래
그 소리는 분명 노래는 아닌데
소프라노 듀엣이다

제주
한라산이 한 귀퉁이 얌전히 내려놓은
양지바른
제주 오라 칸트리 클럽

어젯밤,
한잔 술에 쫓겨난 위자는
한방 쓰는 경자에게 연신 애교
아우가 어이 알리

하늘엔 초승달 걸려있고
사방엔 어둠만 내리는
매력 있는 제주의 봄밤을 어이 그냥 보내리

울타리 늘어선 하얀 목련은
오늘도 소담스레 피었겠지
까닭 없이 설레였던
4月의 그 밤
내 마음, 친구마음, 순수한 그 마음을
하얗게 색칠하고 피었을까. 지금도 목련은.

칸트리의 만발한 벚꽃을 보면서

부산 칸트리
첫 홀의 만발한 벚꽃이
머리 위에 화관으로 살포시 내려앉네

몇 해가 지났는가
기억속의 시집가던 날
머리에다 쓰고 나간
그 날의 화관은
나에게 어떤 숙제를 주었을까

멋 모르고
뜻 모르고
미지의 화관을 썼던 그 날은
콩닥콩닥 수줍은 설렘이었지

오늘
다시금 칸트리의 활짝 핀 벚꽃을
머리에 얹고 보니
아
나는 정말 잘 살았는가
많은 세월 보내며
여기까지 온 것은…

제주의 골프장 블렉스톤

제주의 블렉스톤은 참으로 장관이다
탁 트인 바다위에 포문은 자유롭고
시원하게 늘어져 있는
하늘의 구름은 도선 언니 품속 같네

노. 터치에다 노. 오케이
맏이인 수기언니의 호령에
혼비백산인 숙녀회 예쁜이들
도너스 보다 작은 컵속에
땡그렁 소리 끝내 못들은
맘 착한 여리디 여린 득영 언니

아쉬운 전 홀을 뒤에다 두고
아직도 꿈 깨지 못한 미숙이, 영숙이
맨탈 헤저드에 목이 메인
부산의 멋쟁이 여인네를 위로 하는가

블렉스톤의 무성하고 검푸른 억새는
오늘도 한들 거릴테지.

제주 서귀포의 알싸한 게 한 접시

"그토록 연습을 했건만
골프는 알 수 없어요
드라이버 잘 쳐놓고서 퍼팅한 점에 울지요
그대 예쁜 캐디여 비웃지 말아요
언젠가는 잘 칠 날 오겠지
끝도 시작도 없이 아득한 골프의 미로여

때로는 버디도 하지만
더블 파도 한 답니다
더블 파가 많은 날에는 골프친 게 원망스럽죠
그대 예쁜 캐디여 비웃지 말아요
언젠가는 잘 칠 날 오겠지
끝도 시작도 없이 아득한 골프의 미로여"

필드에서의 은영언니 콧노래
시작도 끝도 알 수 없는 게임은
서로의 애정 속에 마무리 하고
저녁식사 맛있게 먹던 게장은
아직도 모자란채 내 마음에 자리한다

내가 제일 좋아하는 명덕이 세야는
어렵사리 구해온 게 한 접시
자기 얼굴 내어가며
회장인 애라언니에게 줘 버린다
애써 침묵하는 바위하나
닮고 싶어
산중턱 오막살이 외로운 심사에
차가운 바람인양
쏴 하고 명덕세이 욕해본다

아 게장이여
그나마 주고 싶은 세이의 마음에다
어차피 내거 아닌 내거에게
솔 향기 풋풋한 향기나 실어주라

별빛안고
햇살받는
저 좋은 하늘에
또 다른 내일의
사랑주고 예쁨 받는
우리는 아름다운 동행이어라.

장흥의 끝남쪽 정남진 골프장

하늘의 햇살도 싱그럽고
우리들 마음마다 설레게 하는
오늘은 금초회 가족
장흥의 끝남 쪽 정남진 골프장 소풍 가는 날

사랑으로 꽉 메운 리무진의
열기에 경순언니 신났네
마지막 여름 햇살 언덕을 비끼며
그 여름 안고 가는 신애언니 태의언니

세월은 영혼을 잠재워도 사랑으로 물들인
화숙씨 경옥씨 지혜씨 영혼은
아직도 연분홍의 18세다

언제나 그대를 지지하는 귀남 언니
항상 예쁜 마음으로 싹싹한 정숙 언니, 절자 언니
잊은듯 불현듯 뒤돌아보는 나의 푸른 시절 이련가

오늘도 잔디에
장원은 신자 언니라네
떡 해가지고 갈게
정남진 또한 함께 이기를 기약하면서.

순천의 레이크 힐스

우리나라 제일 아름다운
큰 정원 자랑하는
전라남도 순천 레이크 힐스

앞 조의 누군가가 홀 아웃했나
손풍금 뜯다 터진
불협화음 함성이 순천의 하늘을 덮히네

4月의 실바람에 행복실어 올려본 하늘엔
양떼들 줄지은,
한가로운 풍경 또한 여유롭네

레이크 힐스의 흔적 서린
앞산의 진달래는
묵은 햇살 머리이고
쪽빛 웃음 머금어라

바람물결 살랑이는
갈대 또한 여유지고
순천의 블랙스톤
일등은 성애 라네.

전라도 정동진에서

곧 한가위
금초회 언니들이 가을 낭만을 누리고져
구월의 들판을 신나게 달려
전라도 정동남 골프장에 도착한다

파란 하늘은
바람 난 우리들을 유혹했고
아낙네의 부질없는 소리들은
창공에 흩어진다

일등한 신자언니
부산가면 떡 해줄게
마냥 신나하며 들뜬 모습
8月의 달구우진 태양 같아라

하늘엔 숱한 별 총총한데
잡히지 않는 열정으로
우리는 이 계절 모두의 가슴에다
또 하나의 추억을 담는다.

목련

며칠 전
부산 칸트리 클럽의 제일 큰
목련 나무가
새순을 잉태하였다

엊저녁 아낙네들의
수군거림도
달빛이고 말없이 내려다보는
찬 눈 속의
대숲의 두런거림도
언제나 순산을 할려나
저리도 부풀었건만

오늘
기어이 확 터져버린
맨 꼭대기의 한 송이 목련.

매화

천년을 얼어도
결코 향기는 팔지 않겠다고
도도한 기품은
그중에 제일이라

얼어붙은 산천에서
떨며 떨며
달을 품고 고독하게
지나온 엄동

차디찬 흰 눈 속에서도
굴하지 않고
만상의 일인자로
조화로움의 여유를 아는 그대

옥 같은
하얀 얼굴을
작디작은 눈송이처럼
어미새 품 파고드는 가녀린 모습

조상의 얼을 품고
장군의 기상을 세울
정녕 선비의 고고함을 잃지 않은
그대는 꽃 중의 꽃이니라.

물망초

"나를 잊지 말아요"
호숫가에 여리디 여린 수만 개의 하얀 꽃
잊기만 하면
금방이라도 쓰러져 죽어버릴 것 같은
가련함이여

초여름
풀무 낀 웅덩이에 하얀 가루 점점 심은 듯
촘촘히 따가운 하늘의 햇살 받고
연약한 손짓을 하는고

봄볕을 태워먹고
여름이길 거부하는 하늘에는
가고 없는 종달새가 그리운
아침나절

망가진 꽃술 깨물고
이 여름도
그 호숫가에서 기다릴려나.

복사꽃

어느덧
첫 봄을 지나는 아쉬운 소리
그 언덕 비우지 못해
고운 모습 복사꽃 자리하네

무엇으로 대신할까
현란한 춤사위,
꼬으는 분홍빛 꽃 봉우리

봄 노을 바람에 묻어
산천에 안기거늘
행복한 연인들의 입맞춤은
복사꽃의 모습이다.

철쭉

눈을 들어 쳐다보는
하늘에는 노고지리 종달새 우지지고

5月을 약속한 땅위에는
연둣빛 잔디가 푸르러

외갓집 가는 길
눈꽃송이 날리는 조팝나무도
길가에 늘어선 냉이의 하얀 꽃도

철쭉과 함께 어우러져
붉은빛의 순정으로 사모합니다

5월의 붉은 철쭉 모두를
그대에게 드리리요
사모하는 마음 함께 실어.

김경희 시집

시는 멜로디를 타고

초판1쇄 발행 2015년 12월 18일

지은이 김경희
펴낸이 이길안
펴낸곳 세종출판사

주소 부산광역시 중구 흑교로 71번길 12 (보수동2가)
전화 463－5898, 253－2213~5
팩스 248－4880
전자우편 sjpl@chol.com
출판등록 제02-01-96

ISBN 978-89-6125-115-0-03810

정가 10,000원